Kädenjälki

Marko Työranta

Kädenjälki

Kustantaja:
BoD – Books on Demand, Helsinki, Suomi
Valmistaja:
Books on Demand, Norderstedt, Saksa
ISBN: 978-952-339-242-7

SISÄLLYS

ALKUSANAT

Kädenjälki
Ajatukset katki
Langat poikki

Kaarta turha hakea
Solmut liian tiukalla
Pään sisältö hajalla

Roolit vaihtuvat
Esirippu avattuna
Ajatukset alastomana

Sivu kerrallaan

Sanojani selaa

PEUKALO

Pieni vaiva, pieni hohto
Suuri vaiva, kuolema

Mihin sinut maalaisin?
Kanvas kysyy

Patsaiden tyhjiin katseisiin?
Kiljahduksiin riemun?
Esirippuun, marmoriin?
Oksiin, vuosisatoihin?
Pieneen palaan hiljaisuutta?
Metropolin sykkeeseen?

Vastaan: "ikuistan sinut sellaisenaan"
"muistoihin, sielunsopukihin"
"mielen syövereihin"

Hengittää saat kanssamme vuosituhannet

Lintu taivaalla
Tuulta halkova
Näkee kauneuden
Nousevan auringon

Viima viiltää siipiään
Pilven tuntee
Aistii kosteuden
Sielu laulun loitsee

Valtamerta valtoimenaan
Horisontin kaarre taaempaa
Pyörteet ilman tunnistaa
Niitä tervehtii kohtaamaan

Valkosiipi, vapaasielu
Rakastaan syleilee
Tuiverrus tuulessa
Ilosta laulaa sydän

Kolme korppia, yön mustaa
Risteyksen puun jakaa
"kuulen" sanoo ensimmäinen
"näen" jatkaa toinen
Kolmas kertoo tuntevansa

Viimeinen paikalleen jää
Minua katsoo, kallellaan pää
Silmänsä sysisyvät kuilut, loppumattomat
Joista itseään turhaa noutaa on

Haudan harmaan ristin näen
Käärmeenpäällä koristellun
Sateen ihollani tunnen
Sammuttaen voiman soihdun

Minut kohta viedään pois
Hirsipuu minua odottaa
Sanomatta sanaakaan
Sieluni huutaa

Kolmen korpin edessä
Polvilleni lankesin
Silmät, sieluni puhkaisi
Itseni näin

ETUSORMI

Jäätiin jälkeen sateessa
Kerättiin sato kylmän
Kannettiin kotiin
Koppa pensaasta

Ahjot sammutettiin
Pellot poltettiin
Ikkunat umpeen naulattiin
Ovetkin pönkitettiin

Matkaan lähdettiin

II

En näe itseäni peilin takaa
joka ylensyö, ylen makaa
Kosmeettiset siipeni puuteroin
Kilpeni kiiltävän hion

Saatavuuden jumalille
Alttarin rakennan

Olen kanssasi yhtä
Väripaletti taivaan
Varjo yllämme

Kolmikulmasta kasihaaraan
Valheet kaikki näen
Oppi iänkaikkinen, unhoitettu

Isät kirkkojen komeitten
Kullatut kadut kodittomien
Kaadetut patsaat sankareiden

Ne askelten kumuun jää

Kansakunta jok'ikinen
Omiaan huutavat
Silti alla tuomion viimeisen
Suurimmatkin kaatuvat

Vuorten välissä
Polku kulkee
Tuulenvihmo
Seinämillä ujeltaa

Puuman pesästä
Kotkan katseeseen
Valkohuippuseen
Mattoon lumen

Sateenkaaren alku
Usvan syli
Voiman kohtu

Pimennykseen auringon
Elämä villi, hiljaa on
Ei hiisku linnunpoika
Siivetönnä lentämään

Siellä sinä olet
Yksin, keskellä
Rinta riemusta sykkivä
Silmät kosteat kyynelistä

Me marssimme
Te petitte meidät
Yön selässä kuljemme
Möitte viattomuutemme
Kohti pimeyttä matkaamme
Taivaan rantaan

Joukko räsyinen
Multaa alla kynsien
Kengät kolmella
Toiset paljain jaloin
Vöinä onnellisilla
Narunpalanen

Vain viha jäljellä
Kyvyttömyytänne kohtaan
Voiman tuli rinnassa
Päättäväisyyteen, ikuiseen
Teiltä karkasimme
Yöhön pakenimme

Maltan mieleni hiljaisuudessa
Tulvii pyhät säkeet
Katseeni käy kohti lattiaa
Näyt kuuden kultaharkon

Holvit kuin taivaan kaaret
Täynnä kuvia uskosta
Jäännökset pyhimykset
Marttyyrien todisteet sokeudesta

Susia nämä lampaat seuraavat
Sukupolvet jälkeen toisten
Kultaa, lihaa kumartavat
Luut hampaissa narskuen

Viekää sielut turmioon, unohdukseet
Se riittää, aneet annettiin
Helvettiin, Sartarukseen

Siivekkäät tuomitsijat
Graniitin lailla seisovat
Kirota minut, tai siunata
Valta heillä on

Kosketuksensa kylmä, niin kylmä
Kylmä saa olla jos muualta ovat
Ja kylmä katseensa ikuisesti olla voi

Ei kuulu minun pirtaan
Jos halveksien tuomitsevat
Mieleni suo ruumiilleni turvaa
Vaikka muut alas katsovat

VIII

Koitan rauhoittua raivostani
Sokeasta, punaisesta ja silmittömästä
Mieleni turta, riehuu ilman tunnetta

Maailman virheet, tyrannien oikut
Solmut, vetten syvät haavat
Sielun säröt, peilikuvat
Silmiini särkevät

Kaikkeen en yksin pysty
Mutta tahto voi vuosia viedä
Antautua en ilkeä
Massan mukaan mennä

Keulan käännän kohti tuulta
Monet kerrat ennenkin
Onko turhaa vastaan pyristää?
Kun en tuholta tulevaisuutta nää

Voitte minut naulita
Kahlehtia ja piestä
Mieleni muutu ei

Haluan muutoksen

Elää

Elämäni rakkaudet
Suokaa anteeksi
Suolana elämäni olitte

Muistot viiltävät
Rakkaat ja kipeät
Kerta toisen jälkeen
Mieleeni tuo

Vahvana ette minua näe
Liian heikkona lihaan
Ympyrän sulkeutuvan
Teoistani saan

Sydämeni tyhjä ois
Jos kaikki kieltäisin
Kumpa teitä, kaikkia
Muistaa vois
Niin paljon sain

Älkää kirotko minua
Turhaa osallistujaa
Muistakaa hyvät hetket
Iloitkaa ilman minua

Tämä turhautuminen
Antaa vain kipua

Yksi yö!
Vain yksi yö!
Kuulen sinut
Kutsuvana, kaipaavana
Toisitko mukanasi auringon?
Hyväilyt, Ihosi lämmön
Kosketuksen, sylisi armon?

Yksi yö!
Vain yksi yö!
Tunnen sinut
Uhmana, katkeroittavana
Tulisiko mukaasi katkeruuden suo?
Menetykset, epäilyt
Pettymykset, salatut pälyilyt?

Yksi yö!
Vain yksi yö!
Näen sinut
Naamiollasi ja ilman sitä
Kummalla edessäni olet, esiinnyt?
Totuudella vai valheella?
Itkulla vai naurulla?

Viimeinkö voit avata sydämesi
Päästäsen minut sisään?
Vai elätkö mielummin puolielämää?

KESKISORMI

Niin sanoi tyttö kultahiuksi
Timanteista tiara
Pojalle kyynelsilmälle
Kukat itse kerännyt

"Kumpa voisin suostua
Mut mitään antanut et
Et kateutta sisarten
Kultaa hevosen kantaa
kuuta taivaalta noutanut
Helmiä meren syvyyden"

Tämän kaiken muisti
Harmaahiuksi, roikkurinta
Uurteet naaman sylen syvät
Selkä kiero, kumara
Kädet voimattomat

Itseään kiroamaan jäi

Katoavan kuun valossa
Puiden huiput varjolla valaa
Sudet hopeiset
Taivaan kantta maalaa

Yksi joukosta erkanee
Oman tiensä valitsee
Kohti maata syöksee
Kaihoissaan ulvoo

Sen kuulen, ymmärrän
Sydäntä särkevästi ymmärrän
Tunne tunteen yksinäisyyden

Yksin on pakko kulkea
Tuulta vastaan puskea
Erottua laumasta
Oma tie valita

En anna kahlita
Vapaata sielua
Massaan pakoteta
Minua

III

Onko sydämeni suuri ja vastaanottavainen?
Rakastanko läheisiäni varauksetta?
Oliko se vain hyväksynnän hakua?
Teenkö kaiken itseäni ajatellen?

Peiliäkö palvon?

Kaikkea ostan, kulutan
Kerään muovia, metallia

Kalustan linnani esineillä
Muurilla tärkeimmät
Valleissa aallot ensipainosten

Narsisti
Ateisti
Tyhjä Tyytymätön
Laskelmoiva ja väärä
Pelkkää paskan jauhantaa

Viimein löytyi Jeesuskin
Kivisen tien mutkasta
Silvottuna, surmattuna
Seipääseen nostettuna
Kädessään savukeaski
Kultaa silmäkuopissaan

Pylväille kumartajat
Maahan laski, alasti riisui
Pesivät ruumiin, ompeli haavat
Pieneen, puiseen arkkuun asetti
Muistokirjoituksen laativat
Lauloivat laulun kunniaksi

Kolmasti korppi yli lensi
Kanteen hakaristin kaiversi
Kaikille esiteltiin
Sielu häväistiin
Näytteille asetettiin
Pystyyn nostettiin

Nyt katseensa jäätää
Sielut syö, hulluuteen ajaa
Viimeiseen sykkivään sydämeen
Painajaiset tuo

Harmauteen tämäkin ilta taittuu
Kohti vaahtopäätä
Siniset ovat heijastukset
Sumeat kuin peilini seinillä

Kauluksen nostan
Luitani kalvaa
Päivän hyvät teot
Rankaisematta jäädä saa

Parasiitit, diilerit
Pyhyttään vannoo
Huorat, katujen hellyys
Yksinäiset syliin sulkee

Heijastuu valokiila
Märästä maasta
Väriloiston neon
Lasin läpi näen

Kaikki saasta
lohtua tuo
Savuiseen sieluuni
Turtumukseni jäseniini

Sille suon armon

NIMETÖN

I

Pienet askeleet
Kuulumattomat
Tarkkaileva katse
Aika nokosten

Sinulle loitsuni laulan
Joka mieltäni sieti
Haaksirikko rantaan toi

Vahvuuden sait
Ilman suojaa ymmärryksen

Pahaa en koskaan soisi
Saapuvan luoksesi

Heikko mies silti laulaa
Voimattomuudessaan

Kateuteen asti, irvistykseni
Heijastuksen sinusta nään

Metallia maahan taon
Vaon jälkeen vaon
Ajallaan aikaan saan
Taivaan rautaa

Suli vuorten sylissä
Karkaisi sateen kyynelissä

Ole minun rauta
Ole minun alasin

Ja kokonaisen sinusta taon

IV

Voit olla punainen
Tuhkanharmaa
Yön musta
Keltainen
Valkoinen

Värit kanssaihmisten
Ovat välillä ihmisten
Ilman niiden rauhaa
Joudumme unholaan

Saat syyttää minua
En syytä sinua
Mieleni heijasteet vaativat katsomaan
Syvälle sieluun, itseään pelkäävään
Ojenna kätesi ja laula kanssani
Tämä on tätä ja tässä

V

Katse kaihoisa
Hauras sielu
Rakkaus vain tunne

Kosketus
Hiussortuvat siirtää
Silmäsi värisyttää

"rakastan sinua"
Ne kuiskivat

Olet aurinko
Valo, johon juosta
Hymyllä tarve upottaa

Sinua palvon
Seuraan
Mielessäni
Unissani

VI

Enkelten siivet lävistävät
Silpovat, muhentavat
Pian hymysi hyytyy

Sen raunioilla olen itseni
Lupauksen harhat
Eivät koskaan saaneet pistettä

Kyllä! Olet keskellä
Mutta niin syrjässä
Ainut valta on väen

Sitä karsastat ja siitä loittoat
Tiellä joka vie eteen ja alas

VII

Ruusun kutsua kuuntelen
Häikäiset silmiäni
Pedon tuot sydämeeni
Silti sieluni laulaa

Tiedon janoni luo
Juomisen tuskaa
Sen taakan olen
Valmis maksamaan

Portaat loppumattomat
Edessäni iki aukeaa
Viimeiseen pisaraan
Voimani venytän

Nostan leukani
Voimistan hartiani
Teen työni
Ja vielä enemmän

Matka on tärkeä
Hien pyyhin silmistä
Päämääränä tuntematon
Avoinna vastaan otan

PIKKUSORMI

Hiilokseen katseeni hakeutuu
Uudelleen ja uudelleen
Paksu savu hämärtää illan

Maku nahan ja pippurin
Kitalakea kiusoittelee
Viinin pehmeys palkitsee

Viimeinen ilta, viimeinen viini
Viimeinen savu ja kadun ääni

Kultainen viiva
Marmoriin upotettu
Galilein sanat kaikuvat

Nikamani naksuvat
Katsellessani valoa
Seinät vaaleat, harmaat
Korkeuksiin nousevat

Meridiaani-linjalla
Tunnen pienuuteni
Elämäni merkityksettömäksi
Vuosisatojen edessä kääpiöksi

Kissatkin katsettani kaihtaa

Taivaankannen takojasta
Taian tulen kantajasta
Vaski venheen luoviasta
Loitsiasta mahtavasta

Hauen suuren leukaluusta
Hiiden hiukset kielinänsä
Soittelihi, tavailihi
Soinnut jok' paransi

Metsän elävät lumosi
Naiset, miehet itketti
Saapui luokse hengetkin
Alla revontulten lepäili

Lauloi syntymästä
Kuolemasta
Tuonen haastehet selvitti
Suohon toiset soitteli

Tapahtui alla vanhan männyn
Kosintaani viimein suostuit
Hypähti sydämein villisti
Taisipa kädetkin täräjää

Huuliltasi luin huokauksen
Silmistäsi kaipauksen
Poskeasi kosketin
Valui noro kyynelten

Huivilla sinisen samettisella
Hiuksesi peitän vehnänvaaleat
Huulesi kastan viinillä
Nuollen sen hitaasti pois

Nämä naulat viimein vedän
Vaijerin poikki napsautan
piikkilangat ranteen ympärillä
Pihdeillä katkaisen

Rakkaani voi kuinka voisin
Kiriä kaikki nämä vuodet pois
Jotka erillään meidät piti

Viimeisen huokauksen